Duden

WISSEN » ÜBEN » TESTEN

Aufsatz

2., aktualisierte Auflage

4. Klasse

Dudenverlag
Berlin • Mannheim • Zürich

Die Rechtschreibung in diesem Buch folgt im Falle von Schreibvarianten den Empfehlungen von Duden – Die deutsche Rechtschreibung.

Beratungsangebot für Eltern und Lehrer (kostenpflichtig):
Die **Duden-Sprachberatung** beantwortet Fragen zu Rechtschreibung, Grammatik, Zeichensetzung u. Ä.
montags bis freitags zwischen 09:00 und 17:00 Uhr.
Aus Deutschland: **09001 870098** (1,86 € pro Minute aus dem Festnetz)
Aus Österreich: **0900 844144** (1,80 € pro Minute aus dem Festnetz)
Aus der Schweiz: **0900 383360** (3,13 CHF pro Minute aus dem Festnetz)
Die Tarife für Anrufe aus den Mobilfunknetzen können davon abweichen.

Bibliografische Information der Deutschen Nationalbibliothek
Die Deutsche Nationalbibliothek verzeichnet diese Publikation in der Deutschen Nationalbibliografie; detaillierte bibliografische Daten sind im Internet über http://dnb.d-nb.de abrufbar.

Bibliographisches Institut GmbH
Mecklenburgische Straße 53, 14197 Berlin

Redaktionelle Leitung: Anika Donner
Redaktion: Barbara Holzwarth
Autorin: Ulrike Holzwarth-Raether

Herstellung: Ursula Fürst, Petra Bachmann
Layout: Petra Bachmann, Weinheim
Illustration: Barbara Scholz und Dirk Hennig
Umschlaggestaltung: Glas AG, Seeheim-Jugenheim
Satz: Petra Bachmann, Weinheim
Druck und Bindung: Himmer AG, Augsburg
Steinerne Furt 95, 86167 Augsburg

Printed in Germany
ISBN 978-3-411-74180-9

Jetzt gehts los!

In diesem Heft findest du alle wichtigen Inhalte zum Thema „Aufsatz“ in der 4. Klasse. Es ist in fünf große Kapitel aufgeteilt. Du erkennst sie an den kleinen Bildern in der Kopfzeile:

Beschreiben

Anleiten und erklären

Berichten

Informieren

Erzählen

Die Kinder auf diesen kleinen Bildern begleiten dich durch den ganzen Band. Sie zeigen dir, dass es beim Lernen nicht viel anders zugeht als im Sport. Wer eine Sportart richtig gut beherrschen will, muss die wichtigsten Techniken und Spielregeln kennen und dann viel üben und trainieren. Schnell wirst du merken, dass du Fortschritte machst und dir immer mehr gelingt.

Wissen
Üben
Testen

Überprüfe deine Ergebnisse mit dem **Lösungsteil** hinten im Heft. Mithilfe des **Abschlusstests** kannst du feststellen, ob du das Thema „Aufsatz“ schon gut beherrschst oder ob du manche Übungen noch einmal wiederholen solltest.
Die wichtigsten **Fachbegriffe** findest du auf der letzten Seite des Heftes.

Manche Aufgaben löst du am besten auf einem extra Blatt Papier oder in einem leeren Schulheft.

Wenn dir kein passendes Wort für das einfällt, was du ausdrücken willst, kannst du nachschlagen. Zum Beispiel in dem Wörterbuch von Duden „Sag es besser!“ gibt es sehr viele verschiedene Ausdrücke und auch Redensarten. Sicher findest du passende Wörter darin.

Inhaltsverzeichnis

Beschreiben

Anleiten und erklären

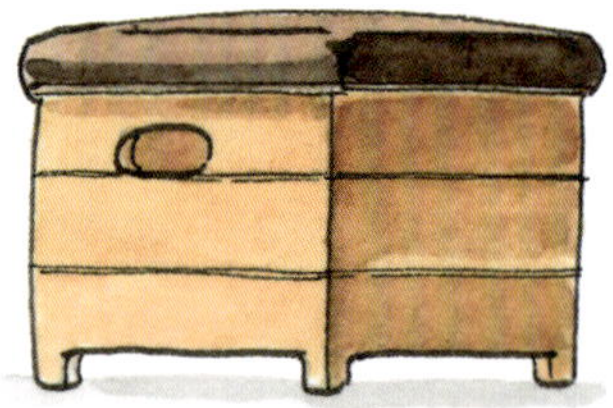

Berichten

Inhaltsverzeichnis

Informieren

Erzählen

Eine Person beschreiben und charakterisieren

Wissen und Verstehen

Eine Personenbeschreibung muss so geschrieben sein, dass man mit ihrer Hilfe eine Person erkennen oder wiedererkennen kann. Dazu ist es nötig, alle **äußeren Merkmale** zu beschreiben. Das sind die Merkmale, die du sehen kannst.
Um den Charakter einer Person zu beschreiben, musst du auch etwas über deren Verhaltensweisen, Gedanken, Gefühle, Wünsche und Hobbys aufschreiben.
Das sind die **inneren Merkmale** einer Person.

Üben

1 Markiere die Fragen nach den äußeren Merkmalen grün und die nach den inneren Merkmalen blau.

Welche Form hat dein Kopf?	Liest du gern oder eher ungern?	Was gelingt dir nicht so gut?	Ist dein Mund groß oder klein?
Bist du groß oder klein, schmal oder kräftig?	Ziehst du dich schick oder sportlich an?	Wie sehen deine Haare aus?	Was ist dein größter Wunsch?
Was gefällt dir gut?	Was willst du einmal werden?	Wie sieht deine Nase aus?	Bist du manchmal traurig?
Was kannst du nicht leiden?	Hast du irgendwo eine Narbe oder ein Muttermal?	Hast du große oder kleine Füße?	Wofür interessierst du dich?
Lachst du häufig?	Was kannst du sehr gut?	Hast du ein Lieblingstier?	Welche Augenfarbe hast du?

Üben 2 Unterstreiche Erics Charaktereigenschaften, Verhaltensweisen, Wünsche und Hobbys. Die Fragen helfen dir dabei.

Eric ist ein schlanker, großer Junge. Zehn Jahre ist er alt. Er hat schwarze Locken. Sein Gesicht ist rund. Sein Mund ist ziemlich breit. Auffällig ist seine Stupsnase. Eric lacht sehr gern. Wenn er lacht, sieht man seine großen Schneidezähne und seine blauen Augen blitzen. Er ist ein fröhlicher Junge. Peer ist sein allerbester Freund. Erics dünne Beine haben meistens Schrammen, weil er überall hinaufklettert. Er will einmal Bergsteiger werden. Deshalb geht er auch in einen Kletterkurs. Sein Glücksbringer ist ein Kletterhaken, den er immer bei sich trägt. In der Bücherei leiht Eric sich meistens Bücher über Berge aus. Seine Lieblingstiere sind die Gämsen. Gar nicht leiden kann er die vielen Touristen in den Bergen.

Welches Hobby hat Eric? ……………………………………………

Was ist sein Glücksbringer? ……………………………………………

Wie ist meistens seine Stimmung? ……………………………………………

……………………………………………

Welchen Beruf will Eric einmal haben? ……………………………………………

Was sind Erics Lieblingstiere? ……………………………………………

Welche Bücher liest Eric gern? ……………………………………………

Was kann Eric nicht leiden? ……………………………………………

……………………………………………

Üben 3 In welcher Zeitform werden Beschreibungen geschrieben?

……………………………………………

Ein Selbstporträt schreiben

Üben 4 Beschreibe dich selbst. Achte dabei auf die inneren und äußeren Merkmale. Die Fragen auf Seite 6 helfen dir.

Üben 5 Du kannst auch eine andere Person beschreiben, einen Popstar oder eine Figur aus einem Kinderbuch. Vielleicht hast du Lust, zu ihr ein Personenrätsel zu verfassen: Lass dazu in der Personenbeschreibung den Namen weg. Lies den Rätseltext einem Partner vor. Er muss raten, von welcher Person der Text handelt.

Wissen und Verstehen

Für die Beschreibung von Gegenständen ist die genaue Angabe von Form, Farbe und Muster besonders wichtig. Auch wie ein Gegenstand sich anfühlt, gehört zu einer Gegenstandsbeschreibung. Dies ist abhängig von seinem Material.

Üben

1 Benenne die Formen und Muster.

rund   quadratisch   rechteckig   viereckig   dreieckig   sechseckig   eiförmig
sternförmig   herzförmig   kugelig   spitz   länglich   kurz

geblümt   getupft   getigert   kariert   gepunktet   gefleckt   liniert
geschwungen   gezackt   quer gestreift   längs gestreift

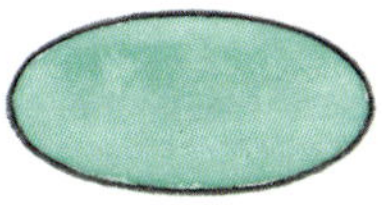

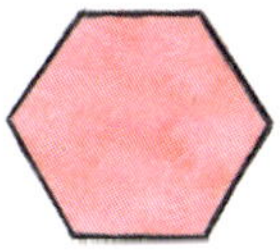

Oberfläche und Farbe eines Gegenstandes benennen

Üben 2 Suche im Wörterbuch möglichst viele Wörter für die verschiedenen Farben.

Schlage nach unter: **Rot, Grün, Blau.**

Rot	Grün	Blau
....	....	....
....	....	....
....	....	....
....	....	....
....	....	....
....	....	....
....	....	....
....	....	....

Üben 3 Gegenstände fühlen sich verschieden an. Ordne die Adjektive richtig zu, indem du sie in der passenden Farbe einkreist.

rau glatt weich hart

spröde struppig

rissig samtweich

wollig

spiegelglatt stoppelig blank

flauschig glitschig

seidig eisenhart

poliert samtig

zart

steinhart

seidenweich kuschelweich

Wissen und Verstehen

Gegenstandsbeschreibungen werden sachlich formuliert, ohne persönliche Meinungen und Bemerkungen. Durch treffende Adjektive und Fachbegriffe entsteht beim Leser eine genaue Vorstellung vom Gegenstand.

Üben 1

Zeichne das Kleidungsstück, das du am liebsten anziehst, in den Schrank. Beschreibe es. Die Fragen helfen dir, eine sinnvolle Reihenfolge zu finden.

Wie heißt das Kleidungsstück?

....

Wie lange hast du es schon?

....

Welche Farbe hat es?

....

Welches Muster hat es?

....

Aus welchem Material besteht es? ....

Wie fühlt es sich an? ....

Welche Besonderheiten hat es? ....

....

Wann ziehst du es an? ....

....

Üben 2

Decke deine Zeichnung ab. Lege dann die Beschreibung einem Partner vor und lass ihn das Kleidungsstück malen. Dabei stellt sich heraus, ob du genau beschrieben hast.

Einen Raum beschreiben

Wissen und Verstehen

Beim Beschreiben von Räumen musst du genau angeben, wo sich etwas befindet. Dabei helfen dir Präpositionen. Das sind Wörter, die die Lage und die Richtung benennen, z. B.: **über, hinter, vor, zwischen, links, rechts, neben, auf, in, oben, unten, unter, außen, innen, vorbei an, gegenüber, mittendrin.**

Üben

Schau das Bild genau an und beantworte die Fragen.

Was steht direkt links neben dem Schreibtisch? ....

Was liegt vor dem Fußball? ....

Was hängt rechts neben dem Kalender? ....

Was steht rechts vor dem Bett? ....

Was steht auf der Kommode? ....

Was hängt zwischen den beiden Bildern? ....

Was steht hinter der Tür? ....

Wer liegt unter dem Bett? ....

Wer befindet sich außerhalb des Raumes? ....

Was hat der Hund im Maul? ....

Wissen und Verstehen

Bei einer Wegbeschreibung musst du dich kurzfassen und klare Richtungsangaben verwenden. Zuerst nennst du den Standort, an dem es losgeht, dann gibst du die Zwischenziele an. Dabei musst du immer das Endziel im Auge behalten.

Üben

1 Jasmina führt ihre Tischnachbarin Muray mit verbundenen Augen durchs Klassenzimmer. Beschreibe ihren Weg. Benutze abwechslungsreiche Satzanfänge.

Schlage unter **zuerst, dann** und **schließlich** nach.

Jasminas und Murays Weg beginnt in der Leseecke. ....

....

....

....

....

....

Beschreiben

Einen Weg beschreiben

Üben 2 Die Kinder der 4a erhalten diesen Plan. Wie kommen sie zur Jugendherberge, wenn sie vorher noch zum großen See wollen? Beschreibe ihnen den Weg. Achte darauf anzugeben, wo sie auf ihrem Weg vorbeikommen. Benutze abwechslungsreiche Satzanfänge.

Schlage unter **zuerst, dann** und **schließlich** nach.

Geht zuerst geradeaus die Vogelrast entlang.

....

....

....

....

....

....

Üben 3 Wie verläuft der kürzeste Weg zur Jugendherberge? Zeichne ihn ein.

Testen Bist du fit?

1 Was kann man alles beschreiben? Nenne vier Möglichkeiten.

....

2 Kreuze an, was richtig ist.

- [ ] Eine Beschreibung verfasst man über ein Erlebnis.
- [ ] Eine Beschreibung wird in der Gegenwartsform geschrieben.
- [ ] Jede Beschreibung hat besondere Merkmale.

3 Umrande die Merkmale einer Person, die du sehen kannst, grün. Umrande die Merkmale einer Person, die du nicht sehen kannst, blau.

Kopfform Schwächen Hobbys Haarfarbe Mund

Wünsche Kleidung Größe Stärken Interessen

4 Was heißt „eine Person charakterisieren"?

....

....

5 Welche Adjektive bezeichnen eine Form (F), welche ein Muster (M) und welche eine Oberfläche (O)? Trage den entsprechenden Buchstaben ein.

kugelig ◯ stumpf ◯ quadratisch ◯ gestreift ◯ gepunktet ◯

poliert ◯ kariert ◯ seidig ◯ rissig ◯ gezackt ◯ blank ◯

6 „Er ist noch grün hinter den Ohren" – was bedeutet diese Redensart?

....

....

Anleitungen schreiben: Material und Werkzeuge

Wissen und Verstehen

Eine Anleitung erklärt, wie man etwas herstellt, richtig zusammenbaut, ein Experiment durchführt oder ein Spiel spielt. Sie gibt immer an, was man dazu braucht: Material, Werkzeuge, Zubehör, Geräte oder Zutaten.

Üben 1

Ordne die Gegenstände in die Tabelle ein.

Holz Bohrer Pappe Nägel Hammer Papier Schrauben Zucker 2 Teelöffel Schere Säge Lineal Salz Zange Schraubenzieher Klebstoff 2 Teelichter 2 Deckel von Schraubgläsern Feuerzeug Stecknadeln

Werkzeuge zum Bauen und Basteln	Material zum Bauen und Basteln	Material zur Durchführung eines Experiments
....	....	....
....	....	....
....	....	....
....	....	....
....	....	....
....	....	....

Üben 2

Informiere dich, was du alles brauchst, um Hackfleischbällchen herzustellen. Schlage in einem Kochbuch nach. Zähle Zutaten und Küchengeräte auf.

Zutaten: ....

....

Küchengeräte: ....

Wissen und Verstehen

Beim Schreiben einer Anleitung musst du die Reihenfolge der Arbeitsschritte genau beachten und darfst nichts vergessen. Mit Fachbegriffen und treffenden Verben kannst du genau ausdrücken, was zu tun ist.

Üben

1 Bestimme die Reihenfolge der Arbeitsschritte. Nummeriere sie. Informiere dich, falls du einen Fachbegriff in dem Rezept nicht kennst.

- Die Bällchen zum Schluss noch unter den Grill legen. ☐

- Aus dem Hackfleisch, den Brötchen, den Zwiebeln, den rohen Eiern und den Gewürzen einen Teig kneten. ☐
- Die Zwiebel in kleine Stücke schneiden. ☐
- Mit Salz und Pfeffer abschmecken. ☐
- Brötchen in Milch einweichen. ☐
- Das Backblech mit Backpapier auslegen. ☐
- Aus dem Teig kleine Bällchen formen und auf das Blech setzen. ☐

- Mit Tomaten- und Gurkenscheiben garniert servieren. ☐
- Den Backofen auf 180 °C vorheizen. ☐
- Das Blech in den Backofen schieben und die Bällchen 20 Min. backen lassen. ☐

Fachbegriffe erklären

Üben 2 Beim Kochen gibt es viele Fachbegriffe. Verbinde jedes Wort mit der passenden Erklärung. Schlage nach, falls du dir unsicher bist.

	frittieren	Lebensmittel mit Mehl, Ei und Semmelbröseln umhüllen, damit sie eine Kruste bekommen
	dämpfen	Speisen in heißem Öl oder schwimmendem Fett garen
	schmoren	Nahrungsmittel (z. B. Gemüse oder Kartoffeln) in einem geschlossenen Topf oder über kochendem Wasser im Dampf gar werden lassen
	kochen	Lebensmittel zerkleinern, bis sie zu einem glatten Brei geworden sind (meistens mit einem Rührstab)
	panieren	Zutaten (z. B. einen Braten) in wenig Flüssigkeit langsam gar werden lassen
	pürieren	Nahrungsmittel in einer Flüssigkeit, z. B. Wasser, garen. Dazu muss das Wasser den Siedepunkt erreicht haben und sprudeln.

Üben 3 Viele Verben aus dem Bereich des Kochens kommen aus dem Französischen und enden auf **-ieren.** Sieh in einem Kochbuch nach und notiere drei dieser Wörter.

....

Üben 4

Ersetze die Wörter **machen** und **tun.** Schreibe treffendere Verben auf die Linien.

Schlage nach unter:
machen, tun.

Am Wochenende **machen** wir etwas zusammen. ....

Was hast du denn wieder **gemacht?** ....

Willst du nicht deine Hausaufgaben **machen,** bevor du mit deinen Freunden telefonierst? ....

Mein Vater **machte** am Sonntag ein gutes Essen. ....

Das Hochwasser **machte** große Schäden. ....

Für eine Spendenaktion **machten** wir Weihnachtskarten. ....

Diese Firma **macht** besonders gute Schuhe. ....

Kai **tut** ungern etwas allein. ....

Wir haben genug diskutiert. Jetzt muss etwas **getan** werden. ....

Ich muss heute noch etwas für die Schule **tun.** ....

Der Fernseher **tut** nicht. ....

Wenn Jana beim Kindermarathon mitlaufen will, dann muss sie etwas **tun.** ....

Kann ich etwas für dich **tun?** ....

Tu das Buch in deine Tasche! ....

Passende Satzanfänge auswählen

Üben 5 Markiere die Satzanfänge, mit denen du eine Reihenfolge verdeutlichen kannst. Du vermeidest damit die Wiederholung von **und dann.**

Üben 6 In dieser Anleitung fehlen die Satzanfänge. Wähle passende aus und setze sie ein.

.... weiche ich die Brötchen ein. .... schneide ich die Paprika und die Zwiebel in kleine Stücke. Das Hackfleisch und die Brötchen knete ich mit rohen Eiern, Paprika, Zwiebeln und Gewürzen zu einem Teig. .... heize ich den Backofen auf 180 °C vor. .... der Herd heiß wird, forme ich aus dem Hackfleischteig kleine Bällchen. .... setze ich sie auf ein Backblech, das ich mit Backpapier ausgelegt habe. Nach 20 Min. sind die Bällchen fertig. .... lege ich sie noch kurz unter den Grill, damit sie richtig knusprig werden.

Wissen und Verstehen

Es gibt verschiedene Möglichkeiten, eine Anleitung zu formulieren: in Stichwörtern, in der Ich- oder in der Man-Form. Für die direkte Ansprache gibt es zudem die Du-Form und die Befehlsform. Entscheide dich für eine Form. Anleitungen stehen in der Gegenwart, weil sie einen wiederholbaren Vorgang beschreiben.

Üben 1

Lies die Anleitung. In welcher Form ist sie geschrieben? ....

Was passiert mit Salz und Zucker über einer Flamme?

Man braucht: 2 Teelöffel, 2 Teelichter, 2 Deckel von Schraubgläsern, Salz, Zucker, Feuerzeug

Zuerst stellt man in jeden Deckel ein Teelicht und zündet es an. Dann gibt man auf einen Teelöffel ein wenig Salz, auf den anderen etwas Zucker. Anschließend hält man beide Teelöffel direkt über die Flamme. Nach einiger Zeit kann man beobachten, wie sich Salz und Zucker über der Flamme verändern. Wenn der Versuch beendet ist, schreibt man seine Beobachtungen auf. Sobald die Löffel nicht mehr heiß sind, spült man sie ab.

Üben 2

Schreibe das Experiment für eine Freundin oder einen Freund auf. Verwende dabei die Befehlsform.

Was passiert mit Salz und Zucker über einer Flamme?

Stelle ....

....

....

....

....

....

Einen Vorgang beschreiben

Üben 3 Als Schülerlotse erklärst du einem Vorschulkind, wie es am Zebrastreifen sicher über die Straße kommt. Nummeriere die Bilder in der richtigen Reihenfolge. Schreibe dann den Vorgang auf.

Zuerst

Testen Bist du fit?

1 Welche Anleitungen braucht man im Alltag? Nenne drei Arten.

....

2 Warum werden Anleitungen in der Gegenwartsform geschrieben? Kreuze an.

- [ ] Sie beschreiben einen einmaligen Vorgang.
- [ ] Sie beschreiben einen wiederholbaren Vorgang.
- [ ] Sie beschreiben etwas, was bereits geschehen ist.

3 Streiche alle Begriffe durch, die nicht zu einer Anleitung passen.

Zubehör   Werkzeug   Gefühle   Arbeitsschritte   Vergangenheitsform

Zutaten   Fachbegriffe   Spannung   Gegenwartsform

4 Schreibe den Satz in verschiedenen Formen auf.

Man hält den Löffel über die Flamme.

Du-Form: ....

Befehlsform: ....

In Stichwörtern: ....

5 Schreibe drei Verben aus dem Bereich des Kochens auf, die auf **-ieren** enden.

..................ieren   ....ieren   ....ieren

6 Welche Überschrift passt nicht zu einer Anleitung? Streiche durch.

Eine Batterie selbst bauen

Einen Stromkreis unterbrechen

Wie bei uns einmal der Strom ausfiel

Berichte sachlich schreiben

Wissen und Verstehen

In einem Bericht stehen Beobachtungen über etwas, was wirklich geschehen ist, z. B. ein Unfall. Ein Bericht muss deshalb wahrheitsgemäß sein. Gefühle, persönliche Meinungen und Übertreibungen gehören nicht hinein. In einem Bericht müssen folgende Angaben gemacht werden: **Wann? Wo? Wer? Was? Warum? Welche Folgen?**

Üben 1

Kreuze nur die Sätze an, die sachlich sind, das heißt, die keine Gefühle und persönliche Meinungen enthalten.

- [ ] Der Fahrradfahrer fuhr cool bei Rot durch.
- [ ] Der Fahrradfahrer übersah das Rotlicht.
- [ ] Ach du liebe Zeit, der Fahrradfahrer tat mir leid.
- [ ] Ich kann Fahrradfahrer sowieso nicht leiden.
- [ ] Der Fahrradfahrer fuhr so schnell auf die Ampel zu, dass er nicht mehr bremsen konnte.
- [ ] Durch einen Kombiwagen in der Sicht gehindert, übersah der Fahrradfahrer das Rotlicht.
- [ ] Fahrradfahrer fahren doch immer über Rot.
- [ ] Ich finde, Fahrradfahrer sollten einen Führerschein machen.
- [ ] Kann schon passieren, dass man über Rot fährt.
- [ ] Der Fahrradfahrer griff kurz nach hinten in seinen Korb und übersah das Rotlicht.

Üben 2

Welche Ausdrücke für **schnell** passen nicht in einen Bericht? Streiche sie durch.

rasch | zügig | rasant | mit einem Affenzahn | blitzschnell

im Schweinsgalopp | eilig | schnurstracks | wie der Wind

Üben 3

Ordne die Orts- und Zeitangaben richtig zu. Verbinde.

am frühen Morgen

in der Nähe

nach längerem Warten

direkt neben

zu diesem Zeitpunkt

in Sichtweite

auf dem Weg zur Schule

vergangene Woche

auf dem Nachhauseweg

in Hörweite

auf der Kreuzung

an der Ampel

gestern Abend

in diesem Augenblick

am Montagmorgen

an der Ecke

letzte Woche

eine Stunde später

gegenüber

nur wenige Minuten später

am Zebrastreifen

auf der Stelle

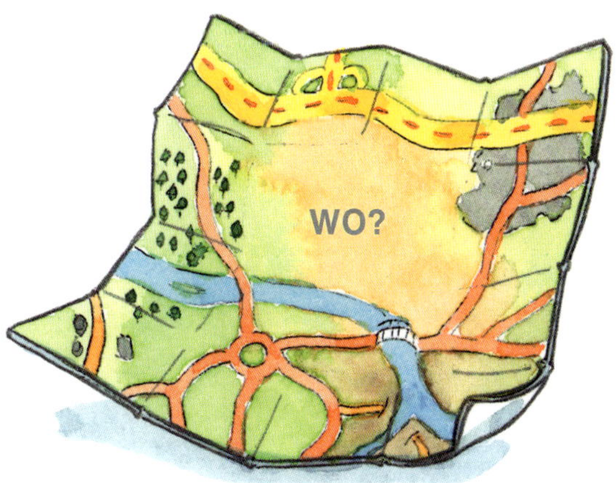

Die W-Fragen beachten

Üben 4 Bringe die W-Fragen für einen Unfallbericht in eine sinnvolle Reihenfolge. Nummeriere.

Warum passierte der Unfall?	Wer war am Unfall beteiligt?	Welche Folgen hatte der Unfall?
Wann ereignete sich der Unfall?	Was passierte genau?	Wo ereignete sich der Unfall?

Üben 5 Überprüfe die Unfallmeldungen. Welcher Bericht gibt Antwort auf alle W-Fragen? Bewerte die Berichte:

Mannheim – Ein 10-jähriger Schüler prallte mit seinem Fahrrad gegen ein geparktes Auto. Er kam ins Krankenhaus.

Mannheim – Ein 10-jähriger Schüler prallte am vergangenen Montag kurz vor Schulbeginn mit seinem Fahrrad in der Gartenstraße gegen ein geparktes Auto. Er hatte nicht auf die Straße geschaut. Dabei stürzte der Schüler über seine Lenkstange hinweg auf die Straße. Er blieb bewusstlos liegen. Nur wenige Minuten später war ein Notarzt zur Stelle. Im Krankenhaus wurden eine Gehirnerschütterung, schwere Schürfwunden und der Bruch des linken Handgelenks festgestellt.

Mannheim – Ein 10-jähriger Schüler prallte am vergangenen Montag gegen ein geparktes Auto. Er stürzte über sein Lenkrad hinweg auf die Straße. Er verletzte sich schwer und musste ins Krankenhaus.

Üben 6 Überprüfe die Aussagen. Stimmen sie mit den Zeitungsberichten von Seite 26 überein? Setze Häkchen.

- ☐ Ein 8-jähriger Junge wurde verletzt.
- ☐ Der Unfall ereignete sich vergangenen Montag.
- ☐ Nach längerem Warten traf der Notarzt ein.
- ☐ Der Junge wurde leicht verletzt.
- ☐ Der Junge prallte gegen einen Kleinlaster.
- ☐ Der Schüler stürzte über sein Lenkrad hinweg.

Üben 7 Fülle in Stichwörtern die Unfallmeldung zum Unfall (Seite 26) aus. Den Namen des Jungen, sein Geburtsdatum und das Datum des Unfalltages musst du dir ausdenken.

Unfallmeldung	
Beteiligte Personen: Name:	Geburtsdatum:
Zeitpunkt:	
Ort:	
Beschreibung des Unfalls:	
Folgen des Unfalls:	
Datum:	Unterschrift:

Einen Unfallbericht schreiben

Wissen und Verstehen

In einem Bericht schilderst du ein einmaliges Ereignis, das sich nicht wiederholt. Wie alles, was bereits geschehen und damit vergangen ist, wird auch ein Bericht in der 1. Vergangenheitsform geschrieben.

Üben

Schreibe mit den Stichwörtern einen ausführlichen Bericht. Achte auf die richtige Zeitform.

Wer?	Aylin S., Schülerin der 4. Klasse
Wo?	in der Mensa ihrer Schule
Wann?	gestern, Montag, 21. 1. 2013, beim Abdecken nach der Mittagspause
Was passierte?	ließ einen Stapel Teller fallen
Warum?	rutschte auf einer Kartoffelschale aus
Was war die Folge?	Schnittwunden an der Hand, Erstversorgung, Arzt, Sachschaden (70 €)

Die Schülerin

Einen Bericht für die Schülerzeitung untersuchen

Wissen und Verstehen

Ein Bericht für eine Schülerzeitung soll sachlich und wahrheitsgemäß sein. Beim Schreiben musst du immer wieder überprüfen, ob du nicht versehentlich ins Erzählen kommst. Eine allgemeingültige Empfehlung zum Thema am Ende des Berichts kann für deine Leser aber eine wichtige Information sein.

Üben

Vergleiche die beiden Texte. Welcher Text ist ein Bericht, welcher eher eine persönliche Erzählung? Schreibe deine Begründung auf.

Unser Draußen-Tag

Unser Draußen-Tag fand am 7. Juli statt. Ziel war die Marienhütte am Königstuhl. Um 8.00 Uhr trafen wir uns im Schulhof. Wir fuhren mit der Straßenbahn bis zur Endhaltestelle. Von dort aus ging es zu Fuß den Berg hinauf. Nach einer Stunde erreichten wir eine Waldlichtung. Dort trafen wir den Förster. Seine Informationen notierten wir. Schließlich erreichten wir die Hütte. Dort machten wir Picknick. Danach spielten wir Fußball. Gegen 16.00 Uhr kamen wir wieder an der Schule an. Den Ausflug können wir nur weiterempfehlen. Bei Regenwetter ist der Weg allerdings sehr glitschig.

Ein toller Tag

Das war ein super Tag. Die Fahrt mit der Straßenbahn fand ich cool, weil ich sonst nur mit dem Fahrrad fahre. Dass wir den Berg zu Fuß hinauf mussten, machte mir nichts aus. Ich bin schließlich Sportler und fit. Der Förster, den wir oben im Wald trafen, war große Klasse. Er machte immer Witze. Das Größte war das Picknick. Mirjams Kartoffelsalat war köstlich: „Super, dein Kartoffelsalat, wer hat denn den gemacht?“, fragte ich sie. Beim Fußballspiel gewann meine Mannschaft, weil wir die besseren Stürmer hatten. Der Rückweg war easy, auch wenn es da den Friedhelm auf den Hintern haute.

Ein Protokoll schreiben

Wissen und Verstehen

Ein Protokoll ist eine besondere Form des Berichts. Die Teilnehmer einer Sitzung können darin später die Ergebnisse nachlesen. Das Protokoll dient ihnen somit als Gedächtnisstütze. In einem Protokoll musst du nennen: das Datum, den Ort, die Zeit, die Anwesenden, das Thema der Sitzung, die Beschlüsse, den Protokollanten.

Üben

Trage die Angaben an der richtigen Stelle in den Protokollbogen ein.

Schülerkonferenz		
Datum: 20. 3. 2013	Ort:	Zeit von: bis:
Anwesende:		
Thema:		
Ergebnisse: …………………… …………………… …………………… ……………………		
Protokollant:		

- Lerngruppe 4, außer: Max, Patrick, Sine
- Finn
- große Pause
- 4. Mehr Zeit für das Frühstück in der großen Pause
- 1. Mädchen beim Fußball mitspielen lassen
- 10.35 – 11.15
- 3. Herr Frisch soll uns wieder auf das Klettergerüst lassen
- 20.3.2013
- Mannheim
- 2. Pausenkiste wieder aufräumen

Testen Bist du fit?

1 Prüfe die Aussagen und trage (r) für richtig ein und (f) für falsch.

☐ Ein Bericht muss spannend sein.

☐ Ein Bericht soll sachlich und wahrheitsgemäß sein.

☐ Ein Bericht steht in der Vergangenheitsform.

☐ Ein Bericht beschreibt die Gefühle der Betroffenen.

2 Welche Fragen sind beim Schreiben eines Berichtes hilfreich?

W ....

3 Streiche alle Übertreibungen aus den Sätzen.

Wir gingen keuchend und jammernd zu Fuß den Berg hinauf.

Auf der Hütte angekommen, machten wir ein königliches Picknick.

Wir spielten Fußball, dass es nur so krachte.

4 Kreuze an.

Ein Protokoll wird gemacht von

☐ einem Erlebnis

☐ einer Konferenz

☐ einer Sitzung

☐ einem Ausflug

5 Warum schreibt man ein Protokoll?

....

....

6 Was ist ein Protokollant?

....

Das Thema für einen Sachtext aussuchen

Wissen und Verstehen

Mit einem Sachtext informierst du deine Leserinnen und Leser und vermittelst ihnen Wissen über ein von dir gewähltes Thema. Bei der Auswahl des Themas für deinen Text musst du darauf achten, dass du aus einem großen Themenbereich nur einen kleinen Teil herausgreifst.

Üben 1

Sieh dir die vielen Ideen zum Themenbereich „Die Römer“ an. Vermute, was zusammengehört. Markiere in der jeweils gleichen Farbe.

Kinderspiele Zahlen Wasserleitungen Dolch Ziffern

Helm Mode spinnen weben Früchte

Schalen Straßen

Wein Krüge **Die Römer** Kindererziehung Schreibgeräte

Tinte Schreibunterlagen Legionäre Kosmetik Schwert Brustpanzer

Spielzeug Brücken

Frauenberufe Tunnel Oliven Schmuck

Üben 2

Schreibe die markierten Wörter nach den passenden Überschriften geordnet auf. Zu welchem Thema würdest du gern einen Sachtext schreiben? Unterstreiche es.

Kinderleben in Rom: Spielzeug, ...

Die römische Baukunst: ....

Die Frauen in Rom: ....

Das Essen der Römer: ....

Schule in Rom: ....

Römische Krieger: ....

Wissen und Verstehen

Informationen zu deinem Thema erhältst du in Sachbüchern und im Internet. So entnimmst du Informationen aus Texten: Du überfliegst zuerst den ganzen Text. Dann überlegst du, welche Informationen für deine Leserinnen und Leser wichtig und interessant sind. Diese unterstreichst du zunächst im Text und schreibst sie anschließend in Stichwörtern heraus. Unbekannte Begriffe schlägst du nach.

Üben

1 Unterstreiche im Text die wichtigen und interessanten Informationen. Setze dazu an den Rand Ausrufezeichen (!). Markiere unbekannte Begriffe und setze ein Fragezeichen (?) an den Rand.

Römische Straßen

Schon bei den Römern gab es befestigte Straßen. Die Bautechnik dafür hatten sie von den Etruskern übernommen und weiterentwickelt. Auf einen Unterbau aus gestampftem Lehm wurden zuerst Kalkstein mit Mörtel und dann größere Kieselsteine geschichtet. Für die Deckschicht wurden Kies und Sand festgewalzt. Wichtige, viel befahrene Straßen bekamen einen Belag aus Kopfsteinpflaster und Steinplatten. Diese gepflasterten Straßen aus der Römerzeit gibt es teilweise heute noch.

Die Straßen wurden von Händlern benutzt und von Boten, die Briefe in die Provinzen transportierten. Genutzt wurden sie aber auch vom Militär, das heißt von Soldaten.

Das Straßennetz war wie heute in kleinere und größere Straßen eingeteilt. Es gab die großen Heerstraßen, die weniger großen Provinzstraßen und die städtischen Straßen. Auch kleine Privatstraßen gab es. Das Straßennetz der Römer umfasste schließlich 80 000 km, das sind beinahe so viele Kilometer wie zweimal um die Erde. Von Mainz nach Köln brauchte die Post nur einen Tag, von Mainz nach Rom nur etwa zehn Tage. An den wichtigsten Straßen gab es etwa alle 15 km Stationen, an denen die Pferde oder Fahrzeuge gewechselt werden konnten. Alle 40 km gab es Raststationen, die, wenn sie bedeutend waren, von Wachposten bewacht wurden. Die regelmäßig gesetzten Meilensteine am Straßenrand dienten den Reisenden zur Orientierung.

Notizen machen und nachschlagen

Üben 2 Notiere die wichtigsten Informationen aus dem Text über die Römerstraßen (Seite 33). Schreibe auf jeden Zettel ein Stichwort.

....

....

....

....

....

Üben 3 Erkläre die Ausdrücke.
Falls du sie nicht kennst, schlage nach.

Etrusker: ....

Mörtel: ....

Kopfsteinpflaster: ....

Provinz: ....

Meilenstein: ....

Wissen und Verstehen

Vor dem Schreiben eines Sachtextes müssen die gesammelten Informationen geordnet werden. Bringe dazu deine Notizen in eine sinnvolle Reihenfolge. Du kannst mit den Stichwörtern auch eine Mindmap erstellen. Ergänze jeweils Informationen, die möglicherweise noch fehlen.

Üben 1

Bringe die Notizen in eine sinnvolle Reihenfolge. Nummeriere die Karteikarten.

schon Römer befestigten Straßen
Bautechnik der Etrusker
Weiterentwicklung

Straßenbenutzer: Händler,
Boten, Soldaten
von Mainz nach Rom: 10 Tage
von Mainz nach Köln: 1 Tag

größere Straßen: Heerstraßen,
Provinzstraßen
kleine Straßen: städtische Straßen,
Privatstraßen

Straßenunterbau aus Lehm,
Kalkstein mit Mörtel, Kiesel daraufgeschichtet; Deckschicht gewalzt oder gepflastert (Pflastersteine);
gibt es teilweise heute noch

Straßennetz weit verzweigt
80 000 km

Pferdewechselstationen (15 km)
auch Fahrzeuge
Raststationen mit Wachposten (40 km)
Meilensteine

Üben 2

Suche in Sachbüchern nach weiteren interessanten Informationen über die Römerstraßen und ergänze die Notizen auf den Karteikarten.

Informationen ordnen und ergänzen

Üben 3 Ergänze die Oberbegriffe der Mindmap mit den passenden Unterbegriffen.

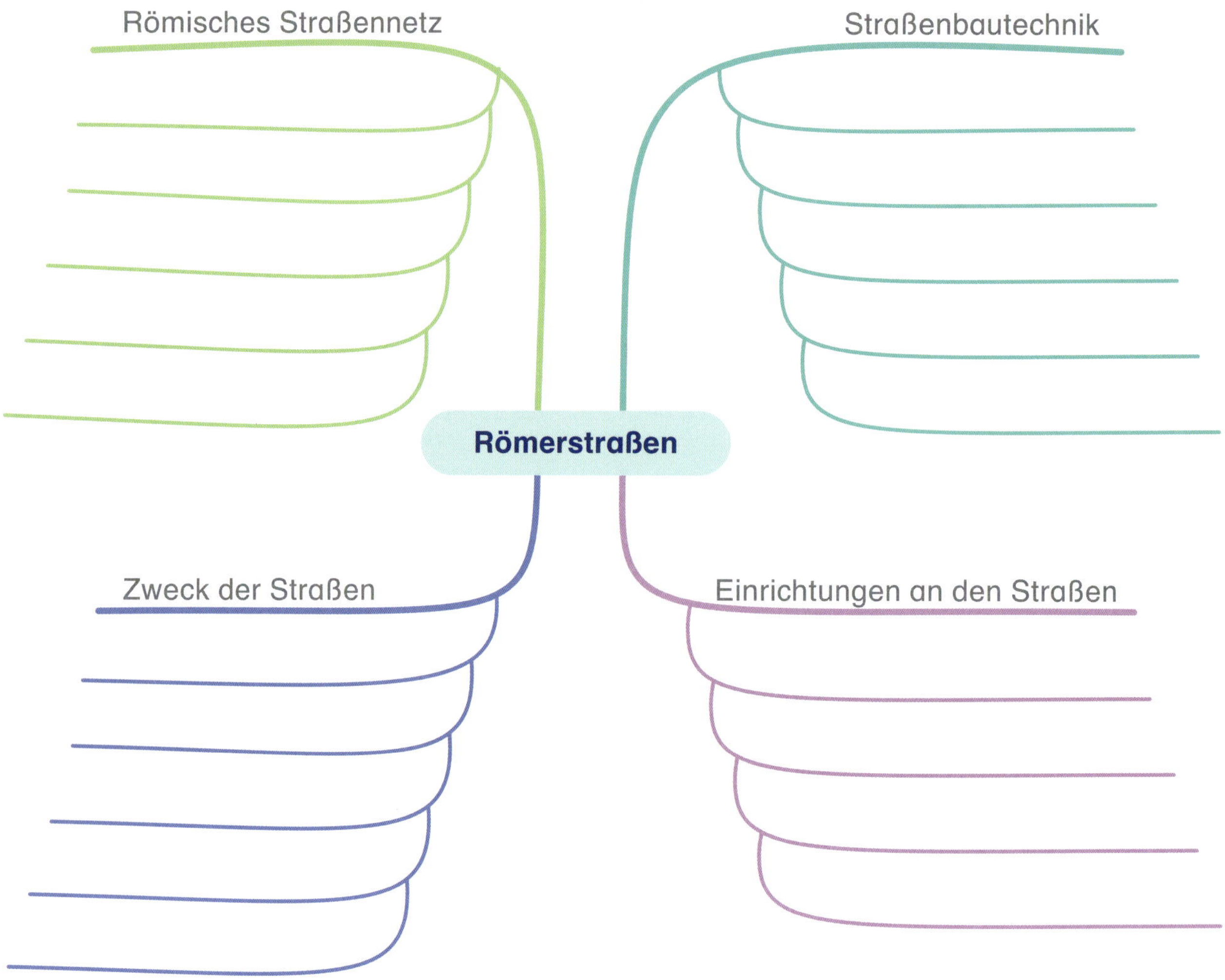

Meilensteine
Pferdewechselstationen
Fahrzeugwechsel
Wachposten

Heerstraßen
Provinzstraßen
städtische Straßen
Privatstraßen
80 000 km lang

Handel
Militär
Postkuriere
10 Tage von Mainz nach Rom
1 Tag von Mainz nach Köln

Unterbau aus Lehm
Kalkstein mit Mörtel, Kieselsteine
Kies und Sand
Kopfsteinpflaster
Steinplatten

Üben 4 Schreibe mit eigenen Worten einen Sachtext über die Römerstraßen.

Üben 5 Male den Aufbau einer römischen Straße. Wenn du dafür noch Zusatzinformationen brauchst, dann informiere dich.

Wissen und Verstehen

Ein Referat ist ein mündlicher Vortrag, der über ein Sachthema informiert. Es wird zunächst schriftlich vorbereitet. Beim Vortragen erreichst du deine Zuhörerinnen und Zuhörer nur dann, wenn du diese Tipps beachtest:
frei vortragen, langsam und deutlich sprechen, die Zuhörer anschauen, Sprechpausen machen, Wichtiges betonen.
Beim freien Vortrag hilft es dir, Karteikarten mit Stichwörtern als Gedächtnisstütze zu verwenden.

Üben 1

Lies den Text laut. Unterstreiche die Wörter, die du betonen möchtest. Die Stellen, an denen du eine Pause machen willst, kennzeichne mit |.

Das römische Straßennetz war, wie unsere Straßen heutzutage auch, in kleinere und größere Straßen eingeteilt. Es gab die großen Heerstraßen, die weniger großen Provinzstraßen und die städtischen Straßen. Auch kleine Privatstraßen gab es. Das voll ausgebaute Straßennetz der Römer umfasste schließlich 80 000 km, das sind beinahe so viele Kilometer wie zweimal um die Erde.
Von Mainz nach Köln brauchte die Post nur einen Tag. Heute braucht sie dafür manchmal sogar länger. Von Mainz nach Rom dauerte es 10 Tage. Die älteste Römerstraße kann man heute noch in Rom und Umgebung sehen. Es ist die Via Appia.

Üben 2

Verbinde die Bildunterschriften mit den passenden Bildern.

frei vortragen

langsam und deutlich sprechen

die Zuhörer anschauen

Sprechpausen machen

Wichtiges betonen

Testen Bist du fit?

1 Welche Themen eignen sich für das Schreiben eines Sachtextes? Male an.

Die Ritter | Leben auf der Burg | Die Ritterburg | Das Feuer | Die Vögel

Zugvögel | Der Specht, ein Waldtier | Die Geschichte des Feuers

2 Nummeriere die Schritte, wie du einen Text erschließen kannst.

- Ich kennzeichne unbekannte Begriffe.
- Ich ordne meine Notizen und erstelle z. B. eine Mindmap.
- Ich kennzeichne die wichtigen Stellen und schreibe sie in Stichwörtern auf.
- Ich überfliege den Text und verschaffe mir einen Überblick.
- Ich schlage unbekannte Begriffe nach.

3 Zu welchem Thema könnte diese Mindmap erstellt worden sein?

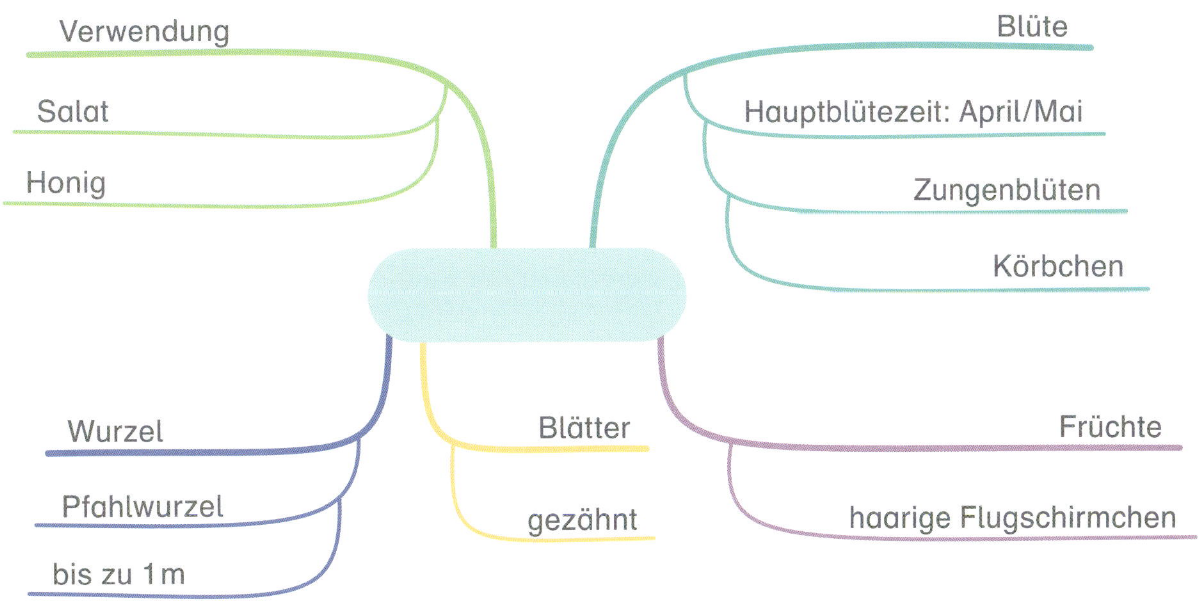

4 Wie musst du die Wörter verbinden, damit sich Tipps für ein Referat ergeben?

anschauen | frei | Wichtiges | vortragen | Sprechpausen

Zuhörer | betonen | sprechen | machen | deutlich und langsam

Erzählen

Eine Geschichte planen

Wissen und Verstehen

Beim Schreiben einer Geschichte gehst du Schritt für Schritt vor. Zuerst entscheidest du, ob du eine selbst erlebte oder eine ausgedachte Geschichte schreiben willst. Dann sammelst du alle Ideen, die dir zu dem Thema einfallen. Schließlich legst du den Verlauf deiner Geschichte fest und notierst kurz die einzelnen Erzählschritte.

Üben

1 Ergänze die Themen um eigene Ideen.

Geburtstagsüberraschung

- Davids sehnlichster Wunsch: ein Hund
- Freude
- Vater vermittelt
- Mama will nicht
- Besuch im Tierheim
- tolle Überraschung
- kein Argument hilft
- „Schlag dir das aus dem Kopf!“
- großer Korb
- Geburtstagsmorgen: keine Lust aufzustehen

Geburtstagsfeier im All

- Traum
- Geburtstagsfeier auf der Raumstation
- Raketenstart
- Einladung
- Abschied, Rückflug
- Weltraumkleidung
- Freunde
- große Feier
- Hinflug: unheimliche Himmelserscheinungen
- Ankunft: Empfang durch Außerirdische

Üben 2 Wie könnte die Geschichte **Geburtstagsüberraschung** verlaufen? Denke dir einzelne Erzählschritte aus und schreibe sie auf die Kärtchen. Achte darauf, dass die Geschichte einen roten Faden hat. Die Fragen helfen dir dabei:

Wann und **wo** spielt die Geschichte?
Wer ist alles beteiligt?
Was passiert **warum?**
Wie geht die Geschichte zu Ende?

Erzählschritte notieren

Üben 3 Schau dir noch einmal die Ideensammlung zur Geschichte **Geburtstagsfeier im All** an (Seite 40). Denke dir einen Verlauf aus und male ihn als kleinen Film.

Üben 4 Schreibe die Erzählschritte zur Geschichte **Geburtstagsfeier im All** in Stichwörtern auf. Denke an die W-Fragen.

....

....

....

....

....

....

Wissen und Verstehen

Eine Erzählung besteht aus verschiedenen Teilen: Die Einleitung informiert kurz über die beteiligten Personen, den Ort, die Zeit und das Geschehen. Sie führt zum Thema hin. Der Hauptteil erzählt das Ereignis ausführlich und spannend. Der Schluss löst die Spannung auf, es kommt nichts Neues mehr hinzu.

Üben 1 Unterscheide Sätze, mit denen eine Geschichte beginnen könnte, und Sätze, mit denen du eine Geschichte beenden würdest. Markiere mit E (Einleitung) und SCH (Schluss).

- Der Wecker klingelte und … ☐
- Am vergangenen Wochenende … ☐
- Das hätte schiefgehen können … ☐
- Das hätte ich nie gedacht … ☐
- Es ist schon ein halbes Jahr her, dass … ☐
- An einem eiskalten Wintertag … ☐
- Als ich aufwachte … ☐
- Das war ein großartiger Geburtstag … ☐
- Eins steht fest, es war auf jeden Fall … ☐
- Gestern nach der Schule … ☐
- Heute Nacht im Traum … ☐
- Böse sein konnten wir nicht … ☐

Üben 2 Schreibe die Sätze auf Streifen. Ziehe dann zusammen mit deinen Freunden einen Streifen und erzählt euch Geschichten, die dazu passen.

Wörtliche Rede aufschreiben

Wissen und Verstehen

Im Hauptteil einer Geschichte erzählst du ausführlich, was passiert. Dazu gehört auch, dass du aufschreibst, was deine Hauptpersonen miteinander sprechen, was sie denken und wie sie sich fühlen.

Üben

1 David spricht mit der Mutter über seinen Geburtstagswunsch. Überlege, was die beiden jeweils sagen könnten, und schreibe es in die Sprechblasen. Die Tipps unten helfen dir dabei.

Hund macht Schmutz | Spielkamerad | Vermieter muss einverstanden sein | Welpe aus Tierheim erhält ein Zuhause | Verantwortung lernen | keine Zeit | Bewegung an der frischen Luft | Hund passt auf | Berufstätigkeit | Urlaubsziele sind eingeschränkt | Kosten für Futter, Steuer … | Erziehung ist mühsam | macht lustige Sachen | Hund braucht Auslauf

Einen Dialog schreiben

Üben 2 Denke dir einen Dialog zwischen David und seiner Mutter aus. Verwende dazu die Äußerungen in den Sprechblasen von Seite 44.

Wörter für **sagen** unter: **sagen, sprechen, reden.**

David ließ nicht locker. „Ein Hund wäre ein super Spielkamerad“, erklärte er.

Üben 3 Du kannst den Dialog auch spielen. Male Davids Kopf auf den rechten Zeigefinger, den seiner Mutter auf den linken – und los gehts!

Stimmungen ausdrücken

Üben 4 David ist enttäuscht. Wähle Wörter aus, die zu seiner Stimmung passen, und setze sie in den Text ein. Schlage die Wörter nach, die du nicht kennst.

mürrisch | lustlos | schlecht gelaunt | brummig | deprimiert | missgelaunt | unzufrieden | frustriert | bockig | missmutig

David wachte an seinem Geburtstag früh auf. Sofort fiel ihm ein, dass sein Herzenswunsch nicht in Erfüllung gehen würde. Seine Mutter war strikt gegen den kleinen Welpen. Er hatte gar keine Lust mehr auf seinen Geburtstag. .... sank er zurück in sein Kopfkissen und zog sich .... die Decke über den Kopf. Er war richtig ....\. Schließlich schlappte er .... ins Bad und putzte sich die Zähne. Er war sogar noch ...., als ihn seine Mutter mit glockenheller Stimme an den Geburtstagstisch rief.

Üben 5 Wie können Enttäuschungen sein? Kreise passende Begriffe ein.

lang | schwer | herb | fürchterlich

wütend | bitter | **Enttäuschung** | ungerecht | hoch

maßlos | riesengroß | tief | traurig

Wissen und Verstehen

Abwechslungsreich gebildete Sätze machen deine Geschichte lebendig. Bilde deshalb Sätze nicht immer gleich. Stelle dazu die Satzglieder um und verbinde deine Sätze mit den Bindewörtern **weil** und **und.** Die Sätze sollten aber trotzdem kurz und verständlich sein. Wortwiederholungen kannst du vermeiden, indem du ein Nomen durch ein anderes Nomen oder durch das Personalpronomen ersetzt.

Üben

1 Stelle die Satzglieder um und ersetze das Nomen durch das Personalpronomen oder durch ein anderes Nomen. Tipps für andere Nomen findest du unten.

Die Fliege	störte	mich	seit Stunden.
Die Fliege	surrte	unentwegt.	
Die Fliege	sollte	nun	dran glauben.
Die Fliege	verschwand	endlich.	
Die Fliege	ahnte	wahrscheinlich,	was ihr blühte.

Plagegeist Störenfried Quälgeist Nervensäge Nervtöter

Sätze verbinden – Sätze kürzen

Üben 2 Verbinde die Sätze mit den Bindewörtern **und** oder **weil.**

Ich blieb an der Ampel stehen. Die Ampel zeigte Rot.

Ich ....

Jo achtete nicht darauf. Er rannte los.

....

Es geschah kein Unglück. Die Mofafahrerin konnte bremsen.

....

Üben 3 Bilde aus den langen Sätzen kürzere, besser verständliche Sätze. Es hilft dir, wenn du zunächst jeden Gedanken in einer anderen Farbe unterstreichst.

Lars ist ein sicherer Radfahrer und wenn er morgens mit dem Rad in die Schule fährt, gibt er deutliche Handzeichen und vergisst nicht, seinen Fahrradhelm aufzusetzen, aber er fährt auch manchmal freihändig.

Lars ist ....

....

....

....

In der Schülerbücherei ist was los, weil in der Schule Lesenacht ist und alle dort in ihren Schlafsäcken schlafen wollen, die sie dafür mitgebracht haben und zwischen die Regale legen.

In der ....

....

....

Wissen und Verstehen

In einer Nacherzählung wird die Handlung einer Geschichte möglichst genau wiedergegeben. Dabei soll nichts Wichtiges weggelassen, aber auch nichts dazuerfunden werden. Merke dir deshalb die einzelnen Erzählschritte der Geschichte sehr genau und schreibe sie in der richtigen Reihenfolge auf. Verwende dabei eigene Worte. Beachte ansonsten alle Regeln, die auch fürs Geschichtenschreiben gelten.

Üben

1 Bringe die Textabschnitte in die richtige Reihenfolge. Nummeriere.

Schlechte Träume

Kein Auge machte Lise in der ersten Nacht alleine zu! In der zweiten tauchten gelbe Gespenster auf, in der dritten Nacht Zwerge und grüne Monster. In der vierten, fünften und sechsten Nacht kroch Lise zu ihrem Bruder ins Bett. „Das muss ein Ende haben“, stöhnte Jonas. „Lise, du musst gegen deine schlechten Träume kämpfen“, riet er ihr. Das nahm sich Lise zu Herzen. Am Abend holte sie sich aus der Küchenschublade den Kartoffelstampfer ihrer Oma, der wie eine Keule aussieht, und legte ihn neben ihr Kopfkissen. „Kommt nur, ihr Monster. Ihr werdet was erleben. Ich werde euch alle in die Flucht schlagen“, drohte sie den Nachtgespenstern vor dem Einschlafen. Lise nahm den Griff des Kartoffelstampfers in die Hand und schlief beruhigt ein.

Lise teilte das Zimmer schon immer mit ihrem großen Bruder Jonas. Nun war er aber in eine weiterführende Schule gekommen. Wenn er abends noch lesen wollte und sie schlafen sollte, gab es Probleme. Auch fühlte sich Jonas bei den Hausaufgaben gestört. Während er sich damit herumquälen musste, ließ seine kleine Schwester ständig Papierflieger auf seinem Heft landen. Das nervte ihn. Also bekam Jonas ein eigenes Zimmer.

Lise hatte ein blaues Auge. Das hatte sie sich in der Nacht beim Kampf mit den Monstern zugezogen. Die aber waren für immer verschwunden.

Lise wachte am nächsten Morgen sehr zufrieden auf. Ein paar kräftige Schläge mit der Oma-Waffe hatten genügt, um die schlechten Träume zu vertreiben. Weg waren die Monster. „Wie siehst du denn aus?“, rief Papa entsetzt, als sie ihm auf dem Weg ins Badezimmer begegnete.

Eine Geschichte nacherzählen

Üben 2 Beantworte die folgenden Fragen in Stichwörtern.

Wer ist beteiligt? ....

Wo und **wann** ereignet sich die Geschichte? ....

....

Was ist passiert? Und **warum?** ....

....

....

....

Wie endet die Geschichte? ....

Üben 3 Schreibe nun die Geschichte mit deinen eigenen Worten in der richtigen Reihenfolge auf.

....

....

....

....

....

....

....

....

....

....

....

....

Testen Bist du fit?

1 Wie muss der Spannungsbogen einer Geschichte aussehen? Kreuze an.
Trage dabei Einleitung (E), Hauptteil (H) und Schluss (SCH) ein.

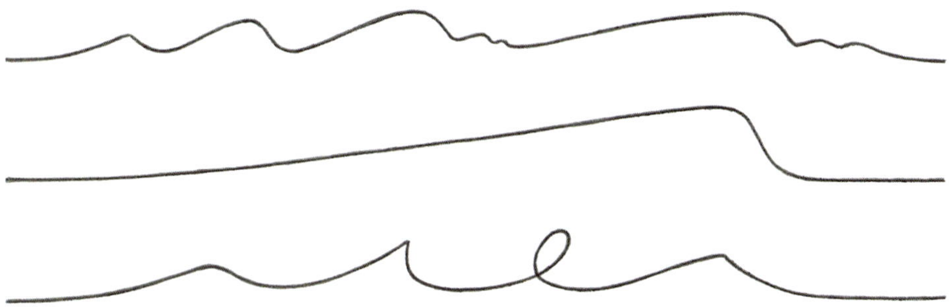

2 Was könnte zwischen den ersten und den letzten Sätzen geschehen sein?
Füge passende Erzählschritte hinzu.

Gestern buk ich mit meiner Schwester Weihnachtsplätzchen. Struwwel, unser Terrier, schaute uns dabei aufmerksam zu.

....

....

....

Wir konnten Struwwel nicht böse sein. Er verstand nichts von Weihnachten. Aber dass man nicht auf den Küchentisch springt, hätte auch er wissen müssen.

3 Verbinde die Sätze mit **und** oder **weil.**

Unser Hund bekommt keine Wurst. Er hat am Tisch gebettelt.

....

Er senkt den Kopf. Er zieht von dannen.

....

Abschlusstest

Löse zuerst alle Aufgaben.
Kontrolliere dann deine Ergebnisse im Lösungsteil.
Male zu jeder Aufgabe nach der Kontrolle die Ampel so an:

 Hier ist alles richtig.

 Ich habe noch einige Fehler gemacht.

 Das übe ich noch einmal.

Bei den Aufgaben, deren Ampel rot ist, hast du noch Probleme.
Schau dir deshalb nochmals die dazugehörigen Seiten vorne im Heft an. Das Zeichen unter der Ampel hilft dir dabei.

Aufgabe 1 Roberto hat sein Federmäppchen verloren.
Er beschreibt es. Lies den Text und beantworte die Fragen.

Federmäppchen vermisst!
Mein Federmäppchen ist eckig. Es ist lang. An der Seite hat es einen Reißverschluss. Es ist bunt und sehr schön. Es fühlt sich gut an. Innen und außen ist es knallrot. Es ist alles drin, was man so in der Schule braucht. Wer es findet, bekommt einen Finderlohn.

	ja	nein
Erfährst du, welche Form das Mäppchen genau hat?		
Kannst du dir das Muster vorstellen?		
Sind die Angaben zur Oberfläche genau?		
Wird der Farbton genau benannt?		
Sind die Angaben zum Inhalt ausreichend?		
Erfährst du, um welchen Gegenstand es geht?		

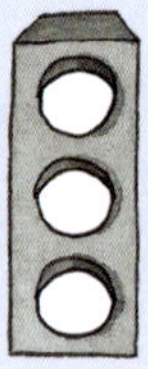

➲ siehe Seite 9, 11

Aufgabe 2 Anton schreibt für seine Gruppe eine Anleitung zu einem Experiment. Lies den Text und beantworte die Fragen.

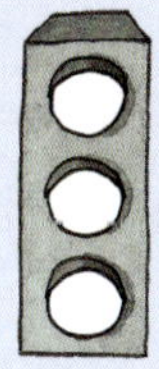

Lassen sich Wasser und Öl mischen?

Material: 1 Glas mit Schraubdeckel, 1 Teelöffel, Speiseöl
Füllt zuerst 5 Teelöffel Öl in das Glas.
Gebt dann 5 Teelöffel Wasser dazu.
Schaut jetzt genau, wo das Wasser steht und wo sich das Öl befindet.
Schraubt den Deckel auf das Glas und schüttelt es kräftig.
Stellt es schließlich auf den Tisch und beobachtet, was geschieht.

a) Wurde das Material genau genannt? Was fehlt? Schreibe auf.

....

b) In welcher Form werden die Leser angesprochen?

....

c) Unterstreiche Wörter, die die zeitliche Reihenfolge angeben.

➲ siehe Seite 16, 17, 21

Aufgabe 3 Jessica schreibt einen Bericht über den Besuch im Technikmuseum. Lies den Text und schreibe Antworten zu den Fragen auf. Kannst du alle Fragen beantworten?

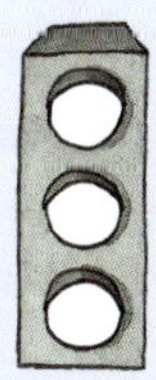

Technikmuseum

Am Freitag, den 14. Juli besuchte unsere Lerngruppe das Technikmuseum. Wir trafen uns im Schulhof. Um 8.00 Uhr gingen wir los. Nach einer halben Stunde erreichten wir das Museum. Dort wartete eine Führerin auf uns. Sie erzählte uns etwas über die Geschichte des Museums und führte uns dann zur Papierherstellung. Dort konnten wir zusehen, wie Papier geschöpft wurde. Wir durften alle im Papierbrei rühren und den dünnflüssigen Brei auf ein Sieb laufen lassen. Auch Schreibversuche konnten wir auf dem dort hergestellten Papier machen. Auf der Rückfahrt beschlossen wir, selbst welches zu schöpfen.

a) Wann fand der Besuch statt? ....

b) Wohin fuhr die Lerngruppe? ....

c) Wo und wann haben sich die Kinder versammelt? ....

....

d) Wie kamen die Kinder an ihr Ziel? ....

e) Welche Aktionen fanden statt? ....

f) Wann kamen die Kinder wieder in der Schule an? ....

g) Waren sie mit dem Besuch zufrieden? ....

➲ siehe Seite 24

Aufgabe 4 Arkan schreibt einen kurzen Sachtext über den Tintenfisch. Lies den Text und beantworte die Fragen.

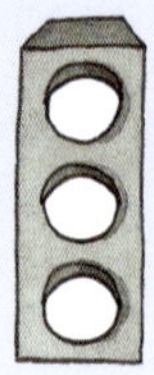

Der Tintenfisch

- Bei Gefahr stößt er eine dunkle Flüssigkeit aus.
- Man nennt sie deshalb auch Kopffüßler.
- Tintenfische sind keine Fische, sondern Weichtiere und daher mit den Schnecken und Muscheln verwandt.
- Der Oktopus wohnt in Höhlen am Meeresboden.
- Sie haben um den Mund herum lange Fangarme und einen plumpen Körper.
- Deshalb heißt er Tintenfisch.

a) Sind die Informationen logisch angeordnet? Bringe sie in eine sinnvolle Reihenfolge, indem du sie nummerierst.

b) Welches sind die wichtigsten Begriffe in dem Text? Unterstreiche sie.

➲ siehe Seite 35

Aufgabe 5 Lies Agnes' Geschichte und beantworte die Fragen.

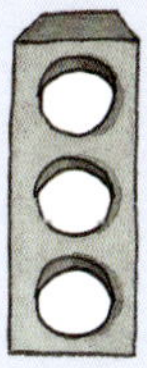

Froschkönig

Es war ein heißer Sommertag. Wir, Anna und ich, fuhren an unseren Badesee. Wir paddelten mit einem Floß in die Mitte des Sees. Dort zeigte ich ihr meinen neuen Ring, den ich in einer Wundertüte gefunden hatte. Der Ring funkelte in der Sonne. Der Ring gefiel auch Anna. Sie wollte ihn anlegen. Also zog ich den Ring aus – aber dann geschah etwas Schreckliches. Der Ring fiel mir aus der Hand, hüpfte ein, zwei, drei Sprünge auf dem Holz des Floßes und kullerte, ohne dass wir noch etwas hätten retten können, ins Wasser, und kurz entschlossen sprang ich hinterher und tauchte nach ihm. Aber was sah ich unten am Boden des Sees? Ein hübscher Frosch saß dort und lächelte: „Ei, wie nett von dir, mir ein goldenes Ringlein herunterzulassen. Das wird meiner Prinzessin vielleicht besser gefallen als die goldene Kugel." Er gab mir einen Kuss und lächelte so freundlich, dass ich ihm meinen goldenen Ring, der unter Wasser erst so richtig funkelte, überließ. Ich schwamm wieder nach oben und kletterte aufs Floß. „Na, hast du den Ring", fragte sie ungeduldig. „Nein, aber mich hat der Froschkönig geküsst", flüsterte ich ihr ins Ohr. Sie schüttelte den Kopf und ruderte das Floß sicher ans Ufer. Ich träumte noch tagelang von meinem Froschkönig.

a) Kann die Geschichte wahr sein? Begründe deine Antwort.

b) Gibt es Sätze, die gleich anfangen? Stelle um.

c) Ersetze sich wiederholende Nomen durch ein anderes oder das Personalpronomen. Streiche durch und schreibe darüber.

d) Suche einen langen Satz, den du durch drei kürzere ersetzen könntest. Schreibe die neuen Sätze auf.

siehe Seite 40, 47

Beschreiben

Besprich Aufgaben, zu denen du hier keine Lösung findest, mit einem Erwachsenen.

Seite 6 Üben 1

Welche Form hat dein Kopf?
Ist dein Mund groß oder klein?
Bist du groß oder klein, schmal oder kräftig?
Ziehst du dich schick oder sportlich an?
Wie sehen deine Haare aus?
Wie sieht deine Nase aus?
Hast du irgendwo eine Narbe oder ein Muttermal?
Hast du große oder kleine Füße?
Welche Augenfarbe hast du?

Liest du gern oder eher ungern?
Was gelingt dir nicht so gut?
Was ist dein größter Wunsch?
Was gefällt dir gut?
Was willst du einmal werden?
Bist du manchmal traurig?
Was kannst du nicht leiden?
Wofür interessierst du dich?
Lachst du häufig?
Was kannst du sehr gut?
Hast du ein Lieblingstier?

Seite 7 Üben 2

Eric ist ein schlanker, großer Junge. Zehn Jahre ist er alt. Er hat schwarze Locken. Sein Gesicht ist rund. Sein Mund ist ziemlich breit. Auffällig ist seine Stupsnase. Eric lacht sehr gern. Wenn er lacht, sieht man seine großen Schneidezähne und seine blauen Augen blitzen. Er ist ein fröhlicher Junge. Peer ist sein allerbester Freund. Erics dünne Beine haben meistens Schrammen, weil er überall hinaufklettert. Er will einmal Bergsteiger werden. Deshalb geht er auch in einen Kletterkurs. Sein Glücksbringer ist ein Kletterhaken, den er immer bei sich trägt. In der Bücherei leiht Eric sich meistens Bücher über Berge aus. Seine Lieblingstiere sind die Gämsen. Gar nicht leiden kann er die vielen Touristen in den Bergen.

Welches Hobby hat Eric? Er klettert.
Was ist sein Glücksbringer? ein Kletterhaken
Wie ist meistens seine Stimmung? Er ist fröhlich und lacht gern.
Welchen Beruf will Eric einmal haben? Bergsteiger
Was sind Erics Lieblingstiere? Gämsen
Welche Bücher liest Eric gern? Bergbücher
Was kann Eric nicht leiden? Touristen in den Bergen

Seite 7 Üben 3

in der Gegenwartsform

Seite 9 Üben 1

Seite 10 Üben 2

zum Beispiel:
Rot: hellrot, dunkelrot, rötlich, weinrot, krebsrot, glutrot, rosarot, feuerrot, knallrot
Grün: hellgrün, dunkelgrün, grasgrün, giftgrün, moosgrün, olivgrün, flaschengrün, blaugrün, tannengrün
Blau: dunkelblau, bläulich, hellblau, himmelblau, königsblau, enzianblau, veilchenblau, graublau, kornblumenblau

Seite 10 Üben 3

spröde struppig rissig samtweich
spiegelglatt wollig flauschig stoppelig blank glitschig
seidig eisenhart poliert samtig
seidenweich steinhart zart kuschelweich

Seite 12 Üben

Was steht direkt links neben dem Schreibtisch? der Eishockeyschläger
Was liegt vor dem Fußball? ein Fußballschuh

Lösungen

Was hängt rechts neben dem Kalender? ein Bild
Was steht rechts vor dem Bett? ein Nachtkästchen
Was steht auf der Kommode? Bücher
Was hängt zwischen den beiden Bildern?
ein Kalender
Was steht hinter der Tür? eine Kommode
Wer liegt unter dem Bett? ein Stofftier
Wer befindet sich außerhalb des Raumes?
eine Frau
Was hat der Hund im Maul? einen Fußballschuh

Seite 13 Üben 1

zum Beispiel:
Jasminas und Murays Weg beginnt in der Leseecke. Zuerst gehen sie nach rechts am Aquarium vorbei. Dann wenden sie sich nach links und bewegen sich erst zwischen Tisch 3 und Tisch 4 und dann zwischen Tisch 3 und Tisch 2 direkt auf das Fenster zu. Danach biegen sie nach rechts ab, bis sie auf den Computer stoßen. Ihr Weg führt jetzt an der Tafel und den Farben vorbei. Nachdem sie die Tür erreicht haben, drehen sie sich nach rechts und gehen zwischen Tisch 1 und 4 hindurch. Nach einer Linkskurve sind sie schließlich am Ziel bei den Getränken.

Seite 14 Üben 2

zum Beispiel:
Geht zuerst geradeaus die Vogelrast entlang, bis ihr ans Schwimmbad kommt. Dort biegt ihr rechts in den Gretelweg ab. Danach geht es ein langes Stück geradeaus. Auf der rechten Seite kommt ihr an der Polizei und dem Kindergarten vorbei. Gleich nach dem Kindergarten müsst ihr euch links halten. Dann folgt ihr der Straße bis zum Linkerweg. Der führt geradewegs zum großen See. Schließlich biegt ihr in die Straße Am Dorfpark ein und überquert den Wolkenbruch und die Friedhofstraße. Nach ein paar Metern seid ihr an der Jugendherberge.

Seite 15 Bist du fit?

1 Personen, Gegenstände, Wege, Räume

2

- [ ] Eine Beschreibung verfasst man über ein Erlebnis.
- [X] Eine Beschreibung wird in der Gegenwartsform geschrieben.
- [X] Jede Beschreibung hat besondere Merkmale.

3 Kopfform Schwächen Hobbys Haarfarbe Mund Wünsche Kleidung Größe Stärken Interessen

4 Bei einer Charakterisierung beschreibt man nicht nur, wie ein Mensch aussieht, sondern auch seine Verhaltensweisen, Eigenschaften, Wünsche und Hobbys.

5
kugelig F
stumpf F
quadratisch F
gestreift M
gepunktet M
poliert O
kariert M
seidig O
rissig O
gezackt F
blank O

6 Er kann nicht mitreden.

Seite 16 Üben 1

Werkzeuge zum Bauen und Basteln: Hammer, Säge, Lineal, Schere, Zange, Bohrer, Schraubenzieher
Material zum Bauen und Basteln: Holz, Papier, Pappe, Klebstoff, Nägel, Schrauben, Stecknadeln
Material zur Durchführung eines Experiments: 2 Teelöffel, 2 Teelichter, Feuerzeug, 2 Deckel von Schraubgläsern, Salz, Zucker

Seite 17 Üben 1

zum Beispiel:

9 Die Bällchen zum Schluss noch unter den Grill legen.

3 Aus dem Hackfleisch, den Brötchen, den Zwiebeln, den rohen Eiern und den Gewürzen einen Teig kneten.

2 Die Zwiebel in kleine Stücke schneiden.

4 Mit Salz und Pfeffer abschmecken.

1 Brötchen in Milch einweichen.

6 Das Backblech mit Backpapier auslegen.

7 Aus dem Teig kleine Bällchen formen und auf das Blech setzen.

10 Mit Tomaten- und Gurkenscheiben garniert servieren.

5 Den Backofen auf 180 °C vorheizen.

8 Das Blech in den Backofen schieben und die Bällchen 20 Min. backen lassen.

Anleiten und erklären

Seite 18 Üben 2

frittieren: Speisen in heißem Öl oder schwimmendem Fett garen
dämpfen: Nahrungsmittel (z. B. Gemüse oder Kartoffeln) in einem geschlossenen Topf oder über kochendem Wasser im Dampf gar werden lassen
schmoren: Zutaten (z. B. einen Braten) in wenig Flüssigkeit langsam gar werden lassen
kochen: Nahrungsmittel in einer Flüssigkeit, z. B. Wasser, garen. Dazu muss das Wasser den Siedepunkt erreicht haben und sprudeln.
panieren: Lebensmittel mit Mehl, Ei und Semmelbröseln umhüllen, damit sie eine Kruste bekommen
pürieren: Lebensmittel zerkleinern, bis sie zu einem glatten Brei geworden sind (meistens mit einem Rührstab)

Seite 18 Üben 3

zum Beispiel:
garnieren, frittieren, panieren, pürieren

Seite 19 Üben 4

zum Beispiel:
Am Wochenende **unternehmen** wir etwas zusammen.
Was hast du denn wieder **angestellt?**
Willst du nicht deine Hausaufgaben **erledigen,** bevor du mit deinen Freunden telefonierst?
Mein Vater **bereitete** am Sonntag ein gutes Essen **zu.**
Das Hochwasser **verursachte** große Schäden.
Für eine Spendenaktion **bastelten** wir Weihnachtskarten.
Diese Firma **produziert** besonders gute Schuhe.

Kai **unternimmt** ungern etwas allein.
Wir haben genug diskutiert. Jetzt muss etwas **unternommen** werden.
Ich muss heute noch etwas für die Schule **arbeiten.**
Der Fernseher **funktioniert** nicht.
Wenn Jana beim Kindermarathon mitlaufen will, dann muss sie **trainieren.**
Kann ich etwas für dich **erledigen?**
Steck das Buch in deine Tasche!

Seite 20 Üben 5

zum Schluss, gestern, zuerst, daraufhin, nach, bevor, danach, jetzt, schließlich, während, am Anfang, nachdem

Seite 20 Üben 6

Zuerst weiche ich die Brötchen ein. **Danach** schneide ich die Paprika und die Zwiebel in kleine Stücke. Das Hackfleisch und die Brötchen knete ich mit rohen Eiern, Paprika, Zwiebeln und Gewürzen zu einem Teig. **Jetzt** heize ich den Backofen auf 180 °C vor. **Während** der Herd heiß wird, forme ich aus dem Hackfleischteig kleine Bällchen. **Schließlich** setze ich sie auf das Backblech, das ich mit Backpapier ausgelegt habe. **Nach** 20 Min. sind die Bällchen fertig. **Am Schluss** lege ich sie noch kurz unter den Grill, damit sie richtig knusprig werden.

Seite 21 Üben 1

Die Anleitung ist in der Man-Form geschrieben.

Seite 21 Üben 2

Was passiert mit Salz und Zucker über einer Flamme?
Stelle in jeden Deckel ein Teelicht und zünde es an. Gib ein wenig Salz auf den einen, ein wenig Zucker auf den anderen Teelöffel. Halte die beiden Teelöffel anschließend direkt über die Flamme. Beobachte, was mit dem Zucker und dem Salz geschieht. Schreibe deine Beobachtungen auf. Spüle die Löffel, wenn sie nicht mehr heiß sind, ab.

Seite 22 Üben 3

zum Beispiel:
Zuerst wartest du am Bordstein. Dann schaust du nach links, nach rechts und wieder nach links. Wenn ein Auto kommt, gibst du ein Handzeichen. Erst wenn du Blickkontakt mit dem Fahrer aufgenommen hast, kannst du sicher sein, dass der Fahrer auch hält. Daraufhin gehst du zügig bis zur Mitte der Straße. Dort musst du noch einmal genau schauen, ob der Fahrer auf der Gegenseite der Fahrbahn auch hält. Erst dann gehst du weiter über den Zebrastreifen.

Seite 23 Bist du fit?

1 Kochanleitung, Bauanleitung, Versuchsanleitung

2

- [ ] Sie beschreiben einen einmaligen Vorgang.
- [x] Sie beschreiben einen wiederholbaren Vorgang.
- [ ] Sie beschreiben etwas, was bereits geschehen ist.

3 Zubehör Werkzeug ~~Gefühle~~ Arbeitsschritte ~~Vergangenheitsform~~ Zutaten Fachbegriffe ~~Spannung~~ Gegenwartsform

4 Du-Form: Du hältst den Löffel über die Flamme.
Befehlsform: Halte den Löffel über die Flamme.
In Stichwörtern: Löffel über Flamme halten

5 **zum Beispiel:** frittieren, panieren, pürieren

6 Eine Batterie selbst bauen
Einen Stromkreis unterbrechen
~~Wie bei uns einmal der Strom ausfiel~~

Seite 24 Üben 1

- [ ] Der Fahrradfahrer fuhr cool bei Rot durch.
- [x] Der Fahrradfahrer übersah das Rotlicht.
- [ ] Ach du liebe Zeit, der Fahrradfahrer tat mir leid.
- [ ] Ich kann Fahrradfahrer sowieso nicht leiden.
- [x] Der Fahrradfahrer fuhr so schnell auf die Ampel zu, dass er nicht mehr bremsen konnte.
- [x] Durch einen Kombiwagen in der Sicht gehindert, übersah der Fahrradfahrer das Rotlicht.
- [ ] Fahrradfahrer fahren doch immer über Rot.
- [ ] Ich finde, Fahrradfahrer sollten einen Führerschein machen.
- [ ] Kann schon passieren, dass man über Rot fährt.
- [x] Der Fahrradfahrer griff kurz nach hinten in seinen Korb und übersah das Rotlicht.

Seite 24 Üben 2

rasch | zügig | ~~rasant~~ | ~~mit einem Affenzahn~~ | ~~blitzschnell~~ | ~~im Schweinsgalopp~~ | eilig | ~~schnurstracks~~ | ~~wie der Wind~~

Seite 25 Üben 3

WO?: in der Nähe, direkt neben, in Sichtweite, auf dem Weg zur Schule, auf dem Nachhauseweg, in Hörweite, auf der Kreuzung, an der Ampel, an der Ecke, gegenüber, am Zebrastreifen
WANN?: am frühen Morgen, nach längerem Warten, zu diesem Zeitpunkt, vergangene Woche, gestern Abend, in diesem Augenblick, am Montagmorgen, letzte Woche, eine Stunde später, nur wenige Minuten später, auf der Stelle

Seite 26 Üben 4

Warum passierte der Unfall?	5	Was passierte genau?	4
Wann ereignete sich der Unfall?	1	Welche Folgen hatte der Unfall?	6
Wer war am Unfall beteiligt?	3	Wo ereignete sich der Unfall?	2

Seite 26 Üben 5

erster Text: 

zweiter Text: 

dritter Text: 

Seite 27 Üben 6

- [ ] Ein 8-jähriger Junge wurde verletzt.
- [x] Der Unfall ereignete sich vergangenen Montag.
- [ ] Nach längerem Warten traf der Notarzt ein.
- [ ] Der Junge wurde leicht verletzt.
- [ ] Der Junge prallte gegen einen Kleinlaster.
- [x] Der Schüler stürzte über sein Lenkrad hinweg.

Berichten

Seite 27 Üben 7

Unfallmeldung	
Beteiligte Personen: Name: Tilo Petersen	Geburtsdatum: 6. 9. 2000
Zeitpunkt: Montag, den 1. 4. 2013, 7.45 Uhr	
Ort: Ort: Mannheim, Gartenstraße	
Beschreibung des Unfalls: T. P. achtete nicht auf die Straße, Aufprall auf geparktes Auto, Sturz nach vorne über Lenkstange	
Folgen des Unfalls: Gehirnerschütterung, Bruch des linken Handgelenks, Schürfwunden	
Datum: 5. 4. 2013	Unterschrift:

Seite 28 Üben

zum Beispiel:
Die Schülerin Aylin S. war gestern, am Montag, den 21. 1. 2013 in der Mittagspause zum Küchendienst in der Mensa ihrer Schule eingeteilt. Beim Abdecken rutschte sie auf einer Kartoffelschale aus und stürzte. Dabei ließ sie einen Stapel Teller fallen. Bis auf einen waren alle Teller zerbrochen. Die Schülerin zog sich durch die Scherben Schnittwunden an der Hand zu. Diese wurden sofort versorgt. Sicherheitshalber wurde Aylin S. anschließend auch noch zu einem Arzt begleitet. Es entstand ein Sachschaden von 70 €.

Seite 29 Üben

„Unser Draußen-Tag“: Bericht (sachlich geschrieben)
„Ein toller Tag“: persönliche Erzählung (persönliche Meinungen, Gefühle und Gedanken)

Seite 30 Üben

Schülerkonferenz		
Datum: 20. 3. 2013	Ort: Mannheim	Zeit von: 10.35 bis: 11.15
Anwesende: Lerngruppe 4, außer Patrick, Max, Sine		
Thema: große Pause		
Ergebnisse: 1. Mädchen beim Fußball mitspielen lassen 2. Pausenkiste wieder aufräumen 3. Herr Frisch soll uns wieder auf das Klettergerüst lassen 4. Mehr Zeit für das Frühstück in der großen Pause		
Protokollant: Finn		

Seite 31 Bist du fit?

1

f Ein Bericht muss spannend sein.

r Ein Bericht soll sachlich und wahrheitsgemäß sein.

r Ein Bericht steht in der Vergangenheitsform.

f Ein Bericht beschreibt die Gefühle der Betroffenen.

2 Wann fand das Ereignis statt? Wo fand es statt? Wer war beteiligt? Was geschah? Warum geschah es? Welche Folgen hatte das Ereignis?

3 Wir gingen ~~keuchend und jammernd~~ zu Fuß den Berg hinauf.
Auf der Hütte angekommen machten wir ein ~~königliches~~ Picknick.
Wir spielten Fußball~~, dass es nur so krachte~~.

4 Ein Protokoll wird gemacht von

- [ ] einem Erlebnis
- [x] einer Sitzung
- [x] einer Konferenz
- [ ] einem Ausflug

5 Ein Protokoll dient als Gedächtnisstütze. Man kann dort z. B. die Beschlüsse einer Sitzung nachlesen.

6 Der Protokollant ist derjenige, der das Protokoll schreibt.

Seite 32 Üben 1

Kinderspiele Zahlen Wasserleitungen Dolch Ziffern
Helm Mode Schalen spinnen weben Früchte Straßen
Wein Krüge **Die Römer** Kindererziehung Schreibgeräte
Tinte Schreibunterlagen Legionäre Schwert
Spielzeug Brücken Frauenberufe Kosmetik Brustpanzer
Schmuck Tunnel Oliven

Seite 32 Üben 2

Kinderleben in Rom: Spielzeug, Kindererziehung, Kinderspiele
Die römische Baukunst: Wasserleitungen, Brücken, Straßen, Tunnel

Die Frauen in Rom: Kosmetik, Schmuck, weben, spinnen, Frauenberufe, Mode
Das Essen der Römer: Früchte, Oliven, Wein, Krüge, Schalen
Schule in Rom: Ziffern, Zahlen, Schreibgeräte, Tinte, Schreibunterlagen
Römische Krieger: Legionäre, Brustpanzer, Dolch, Schwert, Helm

Seite 34 Üben 3

Etrusker: Die Etrusker waren ein antikes Volk, das zwischen 800 bis 100 v. Chr. in Mittelitalien lebte.
Mörtel: Mörtel wird zur Verbindung von Steinen verwendet. Er wird hergestellt aus Sand, Bindemitteln wie Zement, Gips oder Kunststoff, und Wasser.
Kopfsteinpflaster: Es ist eine Pflasterung, die aus einzelnen Steinen besteht. Es wird als Belag für Straßen und Wege verwendet.
Provinz: So wurde ein Verwaltungsgebiet im römischen Reich genannt.
Meilenstein: Meilensteine sind Steine, die in regelmäßigen Abständen an den Straßenrand gesetzt wurden, um Entfernungen anzuzeigen.

Seite 35 Üben 1

zum Beispiel:

1 schon Römer befestigten Straßen
Bautechnik der Etrusker
Weiterentwicklung

3 Straßenbenutzer: Händler, Boten, Soldaten
von Mainz nach Rom: 10 Tage
von Mainz nach Köln: 1 Tag

5 größere Straßen: Heerstraßen, Provinzstraßen
kleine Straßen: städtische Straßen, Privatstraßen

2 Straßenunterbau aus Lehm, Kalkstein mit Mörtel, Kiesel daraufgeschichtet; Deckschicht gewalzt oder gepflastert (Pflastersteine); gibt es teilweise heute noch

4 Straßennetz weit verzweigt
80 000 km

6 Pferdewechselstationen (15 km)
auch Fahrzeuge
Raststationen mit Wachposten (40 km)
Meilensteine

Seite 36 Üben 3

Römerstraßen

Römisches Straßennetz:
Heerstraßen
Provinzstraßen
städtische Straßen
Privatstraßen
80 000 km lang

Straßenbautechnik:
Unterbau aus Lehm
Kalkstein mit Mörtel
Kieselsteine
Kies und Sand
Kopfsteinpflaster
Steinplatten

Zweck der Straßen:
Handel
Militär
Postkuriere
10 Tage von Mainz nach Rom
1 Tag von Mainz nach Köln

Einrichtungen an den Straßen:
Meilensteine
Pferdewechselstationen
Fahrzeugwechsel
Wachposten

Seite 38 Üben 2

frei vortragen
langsam und deutlich sprechen
die Zuhörer anschauen
Sprechpausen machen
Wichtiges betonen

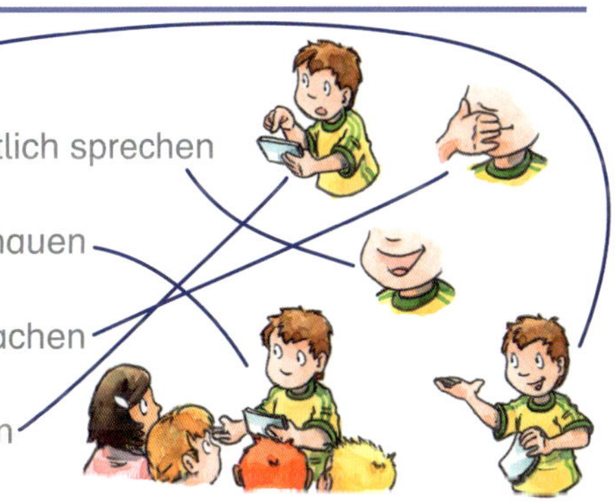

Seite 39 Bist du fit?

1 Leben auf der Burg; Die Ritterburg; Zugvögel; Der Specht, ein Waldtier; Die Geschichte des Feuers

2

2 Ich kennzeichne unbekannte Begriffe.

5 Ich ordne meine Notizen und erstelle z. B. eine Mindmap.

4 Ich kennzeichne die wichtigen Stellen und schreibe sie in Stichwörtern auf.

1 Ich überfliege den Text und verschaffe mir einen Überblick.

3 Ich schlage unbekannte Begriffe nach.

Erzählen

3 Der Löwenzahn

4 frei sprechen, Wichtiges betonen, Zuhörer anschauen, Sprechpausen machen, deutlich und langsam vortragen

Seite 43 Üben 1

Der Wecker klingelte und ... SCH

Am vergangenen Wochenende ... E

Das hätte ich nie gedacht ... SCH

Das hätte schiefgehen können ... SCH

An einem eiskalten Wintertag ... E

Es ist schon ein halbes Jahr her, dass ... E

Das war ein großartiger Geburtstag ... SCH

Als ich aufwachte ... SCH

Gestern nach der Schule ... E

Eins steht fest, es war auf jeden Fall ... SCH

Heute Nacht im Traum ... E

Böse sein konnten wir nicht ... SCH

Seite 46 Üben 4

zum Beispiel:
David wachte an seinem Geburtstag früh auf. Sofort fiel ihm ein, dass sein Herzenswunsch nicht in Erfüllung gehen würde. Seine Mutter war strikt gegen den kleinen Welpen. Er hatte gar keine Lust mehr auf seinen Geburtstag. **Frustriert** sank er zurück in sein Kopfkissen und zog sich **schlecht gelaunt** die Decke über den Kopf. Er war richtig **deprimiert.** Schließlich schlappte er **mürrisch** ins Bad und putzte sich die Zähne. Er war sogar noch **brummig,** als ihn seine Mutter mit glockenheller Stimme an den Geburtstagstisch rief.

Seite 46 Üben 5

zum Beispiel:
Eine Enttäuschung kann sein: schwer, herb, fürchterlich, bitter, maßlos, riesengroß, tief.

Seite 47 Üben 1

Die Fliege	störte	mich	seit Stunden.
Seit Stunden	störte	sie	mich.
Die Fliege	surrte	unentwegt.	
Unentwegt	surrte	die Nervensäge.	
Die Fliege	sollte	nun	dran glauben.
Nun	sollte	der Quälgeist	dran glauben.
Die Fliege	verschwand	endlich.	
Endlich	verschwand	sie.	
Die Fliege	ahnte	wahrscheinlich,	was ihr blühte.
Wahrscheinlich	ahnte	sie,	was ihr blühte.

Seite 48 Üben 2

Ich blieb an der Ampel stehen, weil sie Rot zeigte.
Jo achtete nicht darauf und rannte los.
Es geschah kein Unglück, weil die Mofafahrerin bremsen konnte.

Seite 48 Üben 3

Lars ist ein sicherer Radfahrer. Wenn er morgens mit dem Rad in die Schule fährt, gibt er deutliche Handzeichen. Er vergisst nicht, seinen Fahrradhelm aufzusetzen. Er fährt aber manchmal auch freihändig.

In der Schülerbücherei ist was los, weil in der Schule Lesenacht ist. Alle wollen dort schlafen. Deshalb haben sie ihre Schlafsäcke mitgebracht. Sie legen sie zwischen die Regale.

Seite 49 Üben 1

1. Schlechte Träume
2. Lise teilte das Zimmer schon immer ...
3. Kein Auge machte Lise in der ersten Nacht ...
4. Lise wachte am nächsten Morgen ...
5. Lise hatte ein blaues Auge. ...

Seite 50 Üben 2

Wer ist beteiligt? Lise, Jonas, Vater
Wo und **wann** ereignet sich die Geschichte? im Kinderzimmer, als Jonas ein neues Zimmer bekommt, in der Nacht
Was ist passiert? Und **warum?** Jonas fühlt sich durch seine kleine Schwester gestört. Er bekommt ein eigenes Zimmer. Lise träumt schlecht. Sie versucht, sich gegen ihre Träume mit einem Kartoffelstampfer zu wehren. Sie nimmt ihn mit ins Bett.
Wie endet die Geschichte? Im Traum schlägt sich Lise mit dem Kartoffelstampfer ein blaues Auge. Das merkt am nächsten Morgen ihr Vater.

Seite 51 Bist du fit?

1

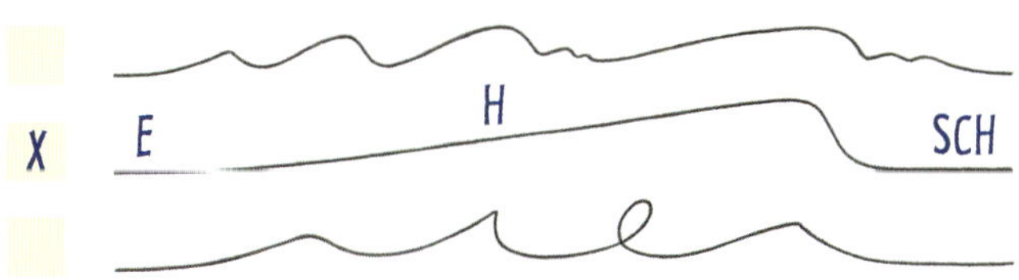

2 **zum Beispiel:**
Wir rührten den Teig.
Wir stachen Figuren aus und legten sie aufs Blech.
Wir schoben die Plätzchen in den Ofen.
Wir ließen sie auskühlen und gingen aus der Küche.
Inzwischen holte sich Struwwel die Plätzchen.

3 Unser Hund bekommt keine Wurst, weil er am Tisch gebettelt hat.
Er senkt den Kopf und zieht von dannen.

Seite 52 Aufgabe 1

	ja	nein
Erfährst du, welche Form das Mäppchen genau hat?	X	
Kannst du dir das Muster vorstellen?		X
Sind die Angaben zur Oberfläche genau?		X
Wird der Farbton genau benannt?	X	
Sind die Angaben zum Inhalt ausreichend?		X
Erfährst du, um welchen Gegenstand es geht?	X	

Seite 53 Aufgabe 2

a) Wasser
b) in der Befehlsform
c) zuerst, dann, jetzt, schließlich

Seite 54 Aufgabe 3

a) am Freitag, den 14. Juli
b) ins Technikmuseum
c) 8.00 Uhr, Treffpunkt Schulhof
d) Angaben fehlen
e) Papierschöpfen
f) Angaben fehlen
g) Angaben fehlen

Seite 54 Aufgabe 4

Der Tintenfisch

5 Bei Gefahr stößt er eine dunkle Flüssigkeit aus.

3 Man nennt sie deshalb auch Kopffüßler.

1 Tintenfische sind keine Fische, sondern Weichtiere und daher mit den Schnecken und Muscheln verwandt.

4 Der Oktopus wohnt in Höhlen am Meeresboden.

2 Sie haben um den Mund herum lange Fangarme und einen plumpen Körper.

6 Deshalb heißt er Tintenfisch.

Seite 55 Aufgabe 5

a) Die Erzählung beginnt wirklichkeitsgetreu, wird dann aber märchenhaft (Begegnung mit dem Frosch).
b) Mit einem Floß paddelten wir ...
Auch Anna gefiel er.
c) ~~Der Ring~~ (Er) funkelte in der Sonne. ~~Der Ring~~ (Er) gefiel auch Anna. Sie wollte ihn anlegen. Also zog ich ~~den Ring~~ (das gute Stück) aus – aber dann geschah etwas Schreckliches.
d) Der Ring fiel mir aus der Hand. Er hüpfte ein, zwei, drei Sprünge auf dem Holz des Floßes und kullerte, ohne dass wir noch etwas hätten retten können, ins Wasser. Kurz entschlossen sprang ich hinterher und tauchte nach ihm.

Fachbegriffe

Namenwort	Nomen	Übung
Begleiter	Artikel	die, eine
Einzahl	Singular	die Übung
Mehrzahl	Plural	die Übungen
Fürwort	Pronomen	sie, ihr
Tu(n)wort	Verb	zeigen
Grundform	Infinitiv	zeigen
Personalform		ich zeige, du zeigst ...
Befehlsform	Imperativ	zeige ...
Gegenwart	Präsens	er zeigt
1. Vergangenheit	Präteritum, Imperfekt	er zeigte
2. Vergangenheit	Perfekt	er hat gezeigt
Zukunft	Futur	er wird zeigen
Wiewort	Adjektiv	schwierig
Umstandswort	Adverb	bald, gestern ...
Verhältniswort	Präposition	auf, an, in ...
Bindewort	Konjunktion	und, oder, obwohl ...
Ersatzwort	Synonym	sagen: sprechen, plaudern ...

Satzgegenstand	Subjekt	Der Sportler
Satzkern	Prädikat	zeigt
Ergänzung im 3. Fall	Dativobjekt	dem Trainer
Ergänzung im 4. Fall	Akkusativobjekt	die Übung
Umstandsbestimmung	adverbiale Bestimmung	am Reck.